CARNAVAL DE VENISE

- CARNAVAL DE VENISE -
Édition du Club FRANCE LOISIRS
avec l'autorisation des EDITIONS NARVAL
N° Éditeur 29016 - ISBN 2 - 7441-1208-9

CARNAVAL DE VENISE

TEXTE
ET
PHOTOGRAPHIES
CHRISTOPHE
FOUGLÉ

A V A N T - P R O P O S

Venise est pour moi la ville qui a su préserver l'âme italienne dans ce qu'elle a de plus raffiné, de plus élégant, de plus vivant aussi, la Triomphante. Lorsque je m'y promène, je sais gré aux Vénitiens d'avoir su l'embellir au fil des siècles puis la préserver de la laideur. Des hommes attachés à leur liberté l'ont un jour bâtie sur des marécages; des hommes soucieux de beauté ne permettent pas qu'elle soit mutilée à l'instar de certaines de nos capitales tout en lui insufflant le dynamisme d'une ville "moderne". Car Venise n'est pas une ville endormie dans son passé. C'est une ville d'artisans, de commerçants, d'universitaires, de créateurs, d'artistes...

Cette ville où l'homme a imprimé son rythme, à l'abri des fléaux de notre temps que sont le bruit et la précipitation , mérite plus que jamais le nom de "très sereine" : la Sérénissime.

Dans un tel cadre, le carnaval ne pouvait jadis qu'être exceptionnel ; il l'est encore aujourd'hui même si le sens originel en est changé. Il ne s'agit plus de la grande fête collective de la transgression, de l'inversion, de la licence... où les Vénitiens répondaient, à chaque époque, à d' impérieuses nécessités : rappeler la victoire de 1162 , symbole de libération, transgresser les interdits, soulever le poids de la religion et de la condition sociale jusqu'au 17e siècle, oublier la décadence de la Triomphante dans l'exacerbation de la sensualité au 18e siècle... L'affadissement même du carnaval au 19e siècle est une rébellion contre le joug autrichien, sa disparition annonciatrice des temps de souffrance. Parce que le carnaval est une manifestation profondément ancrée dans son époque, il ne pouvait renaître que "différent". A l'aube du 21e siècle, ce ne sont plus seulement les Vénitiens mais surtout les amoureux de Venise qui viennent y mettre en scène leur individualité dans une parade à l'image de notre époque où règne l'apparence. Durant le temps du carnaval chacun peut accéder à ce qui le différencie du commun : la gloire. Il y accède en exprimant son originalité. Le "beau masque", fait avec goût, est celui où la personne qui l'a réalisé a donné d'elle-même, exprimé sa créativité, quelque chose d'intime, de longuement mûri. Le masque ne sert plus à dissimuler qui l'on est ; il permet l'expression de ce que l'on est ou voudrait être sans pour cela être "reconnu". Ce jeu du "caché-montré" est des plus fascinants. Il se crée, malgré la foule, un rapport particulier entre le masque et celui qui le regarde. Parce que le masque sent l'intérêt, l'émotion qu'il suscite, il va prendre des poses, chercher l'attitude, voire le lieu qui exprimera au mieux son "essence". L'instant de la rencontre est alors fulgurant. C'est cet instant que j'ai voulu capter.

Si le carnaval a de tous temps permis la rencontre d'êtres séparés par leur sexe, leur âge, leur classe sociale, celui de Venise symbolise un profond besoin de notre époque : oser s'exprimer face à un autre qui comprend et - dans ce miroir tendu - se sentir exister.

L'orgie n'est plus celle des corps mais bien, selon Baudelaire, celle des "âmes" :

"Ce que les hommes nomment amour est bien petit, bien restreint et bien faible, comparé à cette ineffable orgie, à cette sainte prostitution de l'âme qui se donne tout entière, poésie et charité, à l'imprévu qui se montre, à l'inconnu qui passe."

Baudelaire - "La Foule". *Le Spleen de Paris.*

Puisse cet ouvrage vous donner à voir, au-delà de la beauté des masques, ce qui exige d'être vu et peut l'être à Venise, l'Unique.

Christophe FOUGLÉ

***Pietro LONGHI** - Huile sur toile*
0,62m. x 0,51m.
"Conversation entre Bauta"
MUSÉE CA'REZZONICO - Venise

Georges Sand, dans une lettre écrite à Venise en 1834 et probablement adressée à Musset reconnaît dans cette ville celle dont elle a maintes fois rêvé.

"Je t'ai raconté bien des fois un rêve que je fais souvent, et qui m'a toujours laissé, après le réveil, une impression de bonheur et de mélancolie. Au commencement de ce rêve, je me vois assise sur une rive déserte, et une barque, pleine d'amis qui chantent des airs délicieux, vient à moi sur le fleuve rapide. Ils m'appellent, ils me tendent les bras et je m'élance avec eux dans la barque. Ils me disent : "Nous allons à... (ils nomment un pays inconnu), hâtons-nous d'arriver." On laisse les instruments, on interrompt les chants. Chacun prend la rame. Nous abordons... à quelle rive enchantée? Il me serait impossible de la décrire ; mais je l'ai vue vingt fois, je la connais : elle doit exister quelque part sur la terre, ou dans quelqu'une de ces planètes dont tu aimes à contempler la pâle lumière dans les bois, au coucher de la lune. Nous sautons à terre ; nous nous élançons, en courant et en chantant, à travers les buissons embaumés. Mais alors tout disparaît et je m'éveille. J'ai recommencé souvent ce beau rêve et je n'ai jamais pu le mener plus loin."

Georges Sand. Lettres II.
Lettres d'un voyageur, 1834.

LE CARNAVAL DE VENISE et l'Histoire

Parmi les carnavals célèbres d'Europe (Nice, Bâle, Zurich, Binche, Grosselfinger...) et d'ailleurs (Rio, Haïti, la Nouvelle Orléans...), celui de Venise brille d'un éclat particulier.

Depuis 1980, date de sa renaissance, il attire de plus en plus ceux qui, au-delà de l'étiquette de "touristes", méritent celle de "rêveurs".

Le voyageur qui part à Venise a déjà rêvé de ses canaux, de ses gondoles, de ses palais, du labyrinthe de ses ruelles.

Le bon sens populaire plaint l'homme dénué d'imagination ; il sait que les images et les symboles nous arrachent à notre quotidien pour nous faire accéder à "autre chose". VENISE... et la rêverie éclôt.

Ce même bon sens qui a fait de Venise la ville du voyage de noces sait aussi qu'être amoureux dans un lieu qui réveille les images permet d'entrevoir l'éternel présent de l'amour. Venise nous plonge dans un autre temps que celui des horloges : celui de la nostalgie et du plaisir à la fois, nostalgie de ce qu'a été la Sérénissime et désir de retrouver le plaisir qu'elle incarna. Vibrent alors en nous la nostalgie de notre passé et un désir fou d'être heureux.

Il suffit d'un détail pour que l'imagination reconstruise Venise. Pour Marcel Proust c'est une robe de Mario Fortuny, esthète, metteur en scène, photographe à ses heures, qui, au début du XXe siècle, acquit une renommée internationale grâce à ses dessins sur tissus et ses fameux drapés.

"Ainsi les robes de Fortuny, fidèlement antiques mais puissamment originales, faisaient apparaître comme un décor, puisque le décor restait à imaginer, la Venise tout encombrée d'Orient où elles auraient été portées, dont elles étaient, mieux qu'une relique dans la châsse de saint Marc, évocatrices du soleil et des turbans environnants, la couleur fragmentée, mystérieuse et complémentaire. Tout avait péri de ce temps, mais tout renaissait, évoqué pour les relier entre elles par la splendeur du paysage et le grouillement de la vie, par le surgissement parcellaire et survivant des étoffes des dogaresses".
Marcel Proust. La Prisonnière, 1923.

Pour le "rêveur de Venise", le choc du carnaval est brutal. Pressé de toutes parts par une foule cosmopolite, ébloui par la magnificence des masques et des costumes, attiré par la variété des spectacles qui s'offrent à lui, c'est peut-être à son retour qu'il reconstruira en imagination le faste et l'insouciance de la République des doges, son goût des plaisirs. N'est-ce pas ce goût qui unit si fortement Venise et le carnaval dans une histoire d'amour, de mort, de renaissance?... Une histoire commencée il y a bien longtemps.

Pieter Van Der Aa *- 1757*
"Vol de l'Ange, feux d'artifices et divers jeux pour le jeudi gras".
Gravure Musée CORRER - Venise.

LES ORIGINES

La légende fait du Rialto un choix divin. L'évangéliste Marc aurait eu la révélation que s'élèverait sur ces îlots marécageux une ville qui abriterait ses reliques.
(Elles furent en effet rapportées d'Alexandrie en 823.)

En réalité, c'est pour fuir les invasions barbares que les Vénitiens s'y installent dès le VIe siècle. Le premier doge est élu en 697. On en comptera 120 jusqu'en 1799.

Dés le IXe siècle, avec pour seules richesses son sel et ses navires, Venise se lance à la conquête du monde. Marco Polo qui part en Asie au XIIIe siècle contribue à créer le mythe vénitien. Vers 1500, la ville est pour les voyageurs la Triomphante. Elle a pratiquement le visage que nous lui connaissons grâce aux grandes familles qui, dès l'an 1000, ont construit le long du canal leur "maison comptoir" dont l'utilité commerciale s'est effacée au profit de la seule beauté et du luxe .

C'est également vers l'an 1000 que l'Eglise catholique, soucieuse depuis des siècles de donner à Pâques la priorité absolue pour toute la chrétienté, fixe le calendrier de ses fêtes. Les clercs qui le rédigent dans les abbayes y disposent les périodes grasses et maigres selon que la viande est autorisée ou non et y fixent, avant le carême, CARNAVAL.

Le mot aurait deux origines:

- **CARNEM LEVARE :** priver de chair (viande) annonçant ainsi le carême qui débute le mercredi des cendres et sera porté, au VIIIe siècle, à quarante jours.

- **CARNE VALE** : la chair prévaut, celle que l'on mange (la viande) et celle que l'on désire (le corps), signifiant le triomphe de la sensualité propre au carnaval.

Dans les deux cas, le carnaval est indissociable du carême puisqu'il désigne la période orgiaque qui le précède. Il atteindra à Venise les sommets de tous les débordements et, malgré les interdits, éclatera au XVIIIe siècle dans un "bouquet final" précédant la chute de la Sérénissime.

Si nous devons à l'Eglise la place et la durée du carnaval, les origines de ce dernier sont à rechercher dans le paganisme : fêtes de la nouvelle année, de la terre, de la fécondité... transmises en Grèce sous le nom de Bacchanales (un homme déguisé en Bacchus, dieu du vin, parcourait les rues au milieu des chants et des danses) puis à Rome sous le nom de Lupercales (instaurées par

▲ - *Travaux d'Hercules et pyramides humaines* - ***Francesco GUARDI*** - *MUSÉE CORRER - Venise.*

Rémus et Romulus en l'honneur de la louve qui les avait allaités) et de Saturnales (sous l'égide du dieu du temps, les Romains festoyaient en inversant les rôles - les maîtres servent leurs esclaves - et s'adonnaient à une débauche effrénée).

L'Eglise, soucieuse de canaliser ces manifestations licencieuses qui avaient perdu leur sens originel, les rebaptisa (fête des fous, des innocents, carnaval...) et tenta de leur donner un sens nouveau. Le carnaval était né.

"Le Carnaval de Venise" - Anonyme
Gravure "l'Italie illustrée." Leida, 1757
BIBLIOTHÈQUE NATIONALE DE FRANCE - Paris. ►

DE LA NAISSANCE À L'APOGÉE

A Venise, comme dans toute l'Europe médiévale, le carnaval est la fête "du ventre", de la transgression et de l'inversion.

Fête du ventre : on distribue de la nourriture aux pauvres afin que chacun fasse ripaille. A une époque où les disettes sont fréquentes, (Venise réussit cependant à les éviter), le peuple oublie ses peines et accède, pour un temps, au "Pays de Cocagne" dont il ne peut que rêver.

Fête de la transgression : si, lors des fêtes païennes on se moquait des héros et des dieux, au Moyen-Age on prend la religion à partie. Les religieux eux-mêmes participent aux réjouissances en se livrant à des simulations de cérémonies et à des plaisanteries obscènes. On danse dans les couvents; les lieux sacrés, pivots de la vie sociale, sont transformés en théâtres où l'on s'amuse aux dépens de tous et de tout. Le pape Innocent III dont le pontificat marque au XIIIe siècle l'apogée de la papauté promulgue une bulle pour bannir les spectacles des églises et interdire aux religieux de participer aux fêtes. En vain... La fête continue.

Fête de l'inversion : les rapports hiérarchiques s'inversent. Le valet est servi par son maître ; le pauvre côtoie les puissants et peut se permettre de les ridiculiser, voire de les bafouer, le sous-diacre prend la place des dignitaires. L'homme se déguise en femme, le jeune en vieux et réciproquement.

Le carnaval qui permet à l'homme "d'inverser" ce qui le fige dans son histoire - le sexe - l'âge - le statut, de transgresser les interdits et de s'adonner au plaisir, se distingue de la fête officielle au rituel codé. Il s'en démarque par l'usage des déguisements et des masques. La coutume de peindre son visage, de le tatouer et de se déguiser avec des peaux de bêtes se perd dans la nuit des temps et précède l'usage du masque. Ce dernier représente, dans les populations agricoles anciennes, la divinité, les âmes des morts. Le sorcier qui s'en affuble incarne le mal qu'il combat et se dote d'un pouvoir divin. Le masque deviendra funéraire et sera posé sur la tête du mort, comme dans l'Egypte ancienne, avant de trouver son usage profane. La comédie grecque offre des masques typiques - prostituée, esclave... - qui passeront du théâtre à la rue lors des fêtes dionysiaques. Le théâtre romain utilisera les masques dans des farces qui seront à l'origine de la Comedia dell' Arte à laquelle Carlo Goldoni donnera ses lettres de noblesse au XVIIIe siècle.

Il n'y aurait pas eu de masques lors des premières fêtes vénitiennes. Un texte de 1268 autorise le port du masque pendant le carnaval et aussi pendant une période de six mois de l'année. Les Vénitiens prendront l'habitude de sortir masqués.

En 1436 les artisans spécialisés dans la fabrication des masques ont leur statut qui les différencie de la corporation des peintres. Le carnaval de Venise est célèbre, dès cette époque, pour la beauté de ses masques, ses défilés de gondoles, ses bals... Il se distingue par la fête du jeudi gras qui commémore la victoire du doge en 1162 sur le patriarche d'Aquilée. Ce dernier fut libéré en échange du paiement chaque année d'un taureau et de douze porcs représentant les chanoines également capturés.

Ce jour là, la corporation des forgerons (en hommage à leur courage) et celle des bouchers tuaient les animaux dont la viande était distribuée aux pauvres et aux prisonniers. Ce même jour, des bandes rivales issues du peuple - les Nicolotti et les Castellani - se mesuraient dans des pyramides humaines et des exercices de force, les Travaux d'Hercule, qui furent au XVIIIe siècle d'une audace inouïe. Elles s'affrontaient également dans une danse mimant un duel, la Mauresque.

Les Vénitiens pouvaient aussi admirer le "vol de l'ange" : un équilibriste descendait du clocher de Saint-Marc sur une corde tendue à partir du canal et remontait. On en vit même un, en 1680, exécuter sa prouesse... à cheval!

Des bandes de jeunes nobles (les "Allumés", les "Courtois"...) se regroupent dès le XVIe siècle pour défiler, construire des chars, s'amuser ensemble. Ils sont probablement à l'origine des déguisements collectifs et des mascarades.

Dans LE MARCHAND DE VENISE, Lorenzo profite d'une mascarade pour enlever Jessica à son père.

Acte II scène 4

Lorenzo. - *Où vas-tu?*

Lancelot. - *Pardieu, monsieur, inviter mon vieux maître le juif à souper ce soir chez mon nouveau maître le chrétien.*

Lorenzo. - *Arrête ; prends ceci... Dis à la gentille Jessica que je ne lui manquerai pas... Parle-lui en secret ; va. (Sort Lancelot.) Messieurs, voulez-vous vous préparer pour la mascarade de ce soir? Je suis pourvu d'un porte-torche.*

Salarino. - *Oui, pardieu! J'y vais à l'instant.*

Solanio.- *Et moi aussi.*

Lorenzo.- *Venez nous rejoindre, Gratiano et moi, dans une heure ici, au logis de Gratiano.*

Salarino. - *Oui, c'est bon. (Sortent Salarino et Solanio.)*

Gratiano. - *Cette lettre n'était-elle pas de la belle Jessica?*

Lorenzo. - *Il faut que je te dise tout! Elle me mande le moyen par lequel je dois l'enlever de chez son père, l'or et les bijoux dont elle s'est munie, le costume de page qu'elle tient tout prêt. Si jamais le juif son père va au ciel, ce sera grâce à sa charmante fille ; quant à elle, jamais le malheur n'oserait lui barrer le passage, si ce n'est sous le prétexte qu'elle est la fille d'un juif mécréant. Allons, viens avec moi ; lis ceci, chemin faisant. La belle Jessica sera mon porte-torche. (Ils sortent.)*

William Shakespeare. (1564-1616) "Le Marchand de Venise" (1596) Traduit de l'anglais par Victor Hugo

On organise aussi des courses de taureaux abolies en 1802 à la suite de l'effondrement des gradins. Saltimbanques, arracheurs de dents, cartomanciennes, expositions d'êtres monstrueux... ajoutent à la variété des spectacles elle-même exaltée par la richesse des déguisements. Car Venise s'enrichit. Elle est, dès le Moyen-Age, une des premières puissances commerciales d'Europe ; elle bénéficie de la stabilité de ses institutions et de la paix civile qui y règne. Bien que l'aristocratie contrôle de plus en plus les institutions, retirant toute prérogative au doge, le peuple se perçoit comme une grande famille où chacun jouit de l'égalité devant la loi et de la liberté. Pour peu qu'il se tienne éloigné de la politique et que la raison d'état n'intervienne pas, chacun se sent libre dans une cité qui, au XVIe siècle, rayonne de toute sa splendeur. Les praticiens rivalisent avec l'état pour embellir églises et palais grâce au talent du Titien, du Tintoret, de Véronèse... pour les peintres, d'Andréa Palladio pour l'architecture, de mosaïstes et de sculpteurs. Les grands maîtres de chapelle flamands et français s'installent à Venise ; ils dirigent dans les églises les chœurs et les musiciens les plus fameux. Les imprimeurs élisent domicile dans la ville et en feront rapidement la capitale de l'édition.

Franceso GUARDI - "Fête du Jeudi Gras" MUSÉE CORRER - Venise

Malgré le gouvernement des Dix et les inquisiteurs, le respect de la personne s'accompagne d'une grande liberté de moeurs qualifiée par les moralistes de "corruption des moeurs". Les femmes, juchées sur de hauts "sabots" découvrent leurs seins à la pointe avivée de rouge ; les courtisanes vivent, grâce à leurs "amants", dans un luxe raffiné. Un catalogue de toutes "les principales et plus honorées courtisanes de Venise", imprimé en 1570, fournit aux visiteurs l'adresse et le tarif de ces dames. Le roi de France, Henri III, en visite officielle demandera à Veronica Franco, devenue femme de lettres, de lui consacrer une nuit.

Dans ce XVIe siècle jouisseur, les lois concernant l'homosexualité sont sévères... et inefficaces. Les prostituées se plaignent d'être délaissées au patriarche qui a tant à faire dans les couvents qu'il ne peut les aider. Les Dix leur conseilleront de s'exhiber aux balcons pour attirer les hommes et les détourner de la sodomie. En vain.

Venise, ville de tous les plaisirs, est une cité exemplaire pour toute l'Europe par son rayonnement artistique, intellectuel, son ouverture culturelle. (Au XVIIe siècle l'opéra et les spectacles de rue gagneront les théâtres ouverts au peuple pendant le carnaval). C'est aussi la ville où fermente une grande spiritualité qui porte en elle les germes d'une réforme de l'Eglise, plus ouverte sur le monde, de l'Evangile accessible à tous...

Dans ce contexte, le carnaval est un moment privilégié qui autorise tous les débordements, toutes les transgressions. Il renforce également la cohésion sociale en rééquilibrant momentanément la société : le pauvre comme le riche fait ripaille ; sous son masque il se sent son égal.

Pendant des siècles le carnaval contribue à la stabilité de Venise. Il en précipitera la chute.

Venise rayonne mais n'est plus une grande famille. Au lieu de se mettre à son service, chacun veut profiter de sa richesse et des plaisirs qu'elle procure. Le carnaval dure de plus en plus longtemps. Plus ses jours se multiplient, plus ceux de la "civilisation vénitienne" sont comptés. Plus les Vénitiens s'enrichissent, plus Venise s'appauvrit... et plus le carnaval fait rage.

LE TRIOMPHE DU CARNAVAL

Si le XVIIIe siècle est celui de la décadence économique, de la crise du patriarcat (ce corps de nobles dynamiques pour lesquels la politique était une fin et non un moyen s'est transformé en un corps de "fonctionnaires" écrasés par la routine), c'est aussi celui des fêtes baroques avec le scintillant Tiepolo pour la peinture et surtout les musiciens. Les troupes napoléoniennes détruiront une partie des archives musicales de la ville mais on peut imaginer les fastes de la Sérénissime lorsque les conservatoires avaient pour directeurs Vivaldi, Scarlatti, Cimarosa...

Venise reste la ville des fêtes et des plaisirs. Tandis que son influence politique diminue, elle jette ses derniers feux.

Le carnaval est la grande attraction qui commence en Octobre. Il dure six mois de l'année et triomphe dans les bals masqués, les prouesses pyrotechniques. On y vient de toute l'Europe jouir des plaisirs les plus divers, les plus troubles et tous y gagnent : aubergistes, restaurateurs, gondoliers, fabricants de masques... En 1789 on tiendra cachée la mort du doge Paolo Renier afin de ne pas assombrir le carnaval.

Avec ou sans carnaval, on ne s'ennuie pas à Venise, ville de la fête et des rendez-vous érotiques. Quand le marquis de Sade s'enfuit en 1722 avec sa belle-soeur, c'est à Venise qu'il séjourne. Paradoxalement, libertinage et piété font bon ménage. On quitte sans culpabilité l'office pour une partie fine ; on abuse des plaisirs profanes mais on respecte l'Eglise. C'est pour avoir nié cette coexistence du sacré et du profane en se déclarant athée que Casanova est incarcéré. Le fait d'être un espion chargé de rendre compte des débordements du carnaval ne le protège pas. Son arrestation et son évasion de la prison des Plombs constituent un épisode célèbre de ses mémoires.

Casanova. "Histoire de ma vie"- Volume IV, chapitres 12 à 16 Collection Bouquins © Robert Laffont.

"Fête des taureaux place San Marco le 8 février 1709" Gravure - MUSÉE CORRER- Venise

Casanova décrit peu sa ville natale mais Venise vit partout où il séjourne. Il est LE Vénitien par excellence, l'homme qui met en scène ses rendez-vous amoureux et se ruine au jeu, l'amateur de théâtre et de musique... Se déguiser en femme, déguiser ses maîtresses en hommes, la religieuse en courtisane ou le contraire stimulent son imaginaire érotique. Il est le reflet de son époque où tout concourt à la séduction.

Les parfumeurs qu'on appelle "musquiers" font fortune. Les perruquiers, Français pour la plupart, dictent leur loi. Les mouches font leur apparition, "la passionnée", "l'assassine", "l'irrésistible", "la baiseuse"... Après l'avoir importée de France et de Flandres, on fabrique la poudre à Venise. Les femmes se teignent en blond. Elles obtiennent ce fameux "blond vénitien" en enduisant leur chevelure de mélanges incongrus (salpêtre, jaune d'oeuf, cendre, urine...) et en la laissant sécher au soleil sur les toits. Chacune se doit d'exhiber son sigisbée, chevalier servant que blâme Pantalon.

Acte II scène 14

Pantalon.

C'est extraordinaire! Les hommes en sont arrivés au point où, d'hommes, ils n'auront bientôt plus que le nom. Les femmes les mènent à la baguette. Pour les femmes, on fait tout, et qui veut obtenir la moindre grâce doit recourir à la protection d'une femme. Aussi les femmes relèvent la tête et veulent dominer. Allez dans une réception de femmes accompagnées de leurs chevaliers servants, il y a de quoi mourir de rire ; elles se tiennent là, rigides pour recevoir des adorations. L'un soupire d'un côté, un autre se jette à leurs genoux ; celui-ci tient leur assiette ; celui-là ramasse leur mouchoir. Qui leur baise les mains. Qui leur offre le bras. Qui leur sert de secrétaire, de valet de chambre. Qui les parfume, les évente, les choie, les seconde. Elles, de leur côté, se disent tout cela les unes aux autres ; elles se mettent d'accord et écrasent les hommes sous leurs pieds. Leur sexe triomphe, les hommes se réduisent en esclavage, en idolâtrant la beauté, ils profanent leur dignité, et sont un scandale pour la jeunesse.

Carlo Goldoni. "Les Femmes pointilleuses" © L'Arche Editeur - traduction de Hugette Hatem.

La décadence va crescendo. L'abondance des lois, plus exactement leur renouvellement, car des textes relatifs au port du masque sont apparus dès le XVe siècle, traduit cet irrésistible mouvement. On interdit de nouveau aux hommes masqués de porter des armes, de pénétrer dans les couvents et de se déguiser en femmes.

On leur interdit l'entrée au Ridotto maison de jeu placée sous l'autorité de l'état, (elle sera fermée en 1774 ; on jouera alors dans les "casini" privés). On impose le port du masque aux femmes se rendant au théâtre afin de préserver leur anonymat donc l'honneur des familles pour le moins bafoué. Le masque, introduit à Venise dès le XIIIe siècle et fabriqué dès le XVe par la corporation des fabricants de masques, fait fureur. Il autorise toutes les audaces (les nobles ruinés iront jusqu'à mendier sous sa protection), tous les espoirs. L'époque du carnaval exacerbe le goût du déguisement, du jeu, des plaisirs dont Goldoni nous donne les échos les plus vifs, les plus savoureux. Nul mieux que cet amoureux de Venise n'a su en rendre l'atmosphère.

Gian Domenico Tiepolo - *Huile sur toile*
"Les Polichinelles"
MUSÉE CA'REZZONICO - Venise

CARLO GOLDONI ET LE CARNAVAL

Carlo Goldoni - portrait
MUSÉE CORRER - Venise

La plupart des pièces de Goldoni ont pour toile de fond le carnaval. Elles expriment les goût des Vénitiens pour leur ville ainsi que le soulignent Flaminia et sa servante dans une pièce présentée pour la première fois au carnaval de 1754.

Acte I scène 2

Flaminia. - *Chère Argentina, je suis fille d'un Vénitien, tu le sais. Mon frère me fait faire chaque année un petit voyage avec lui. J'ai vu presque toute l'Italie et je n'ai pas trouvé un seul endroit qui me plaise plus que celui-ci.*

Argentina. - *Moi aussi j'ai travaillé dans plusieurs villes, et depuis que j'ai goûté à la liberté de Venise, j'ai décidé de n'en plus jamais partir. Le maître que je sers est un peu assommant avec toutes ses maladies imaginaires, mais je le supporte plutôt que de changer d'endroit.*

Flaminia. - *C'est vrai, je trouve que Venise est une ville fort commode pour tout le monde. Ici, chacun peut vivre selon sa condition, sans être obligé d'en faire trop et de se ruiner pour parader. Tout le monde a le droit aux mêmes distractions, et le pauvre peut en profiter aussi bien que le riche. Quant au masque, rien au monde n'est plus commode.*

Carlo Goldoni - "Le Vieux Boute-en-train" .

Traductions Marie-France Sidet.

C'est le masque qui va permettre à Rosaure dans La Veuve Rusée de "tester" ses prétendants grâce à un stratagème qui réjouit fort Goldoni.

"Le dernier acte de cette Comédie est le plus intéressant et le plus piquant : la veuve à qui je donnai à juste titre l'épithète de rusée, veut s'assurer davantage de l'attachement et de la sincérité de ses quatre amants ; elle profite du Carnaval de Venise, et se déguisant de quatre différentes manières, elle joue successivement la compatriote des quatre étrangers. Sérieuse avec l'Anglois, folâtre avec le François, grave et sévère avec l'Espagnol, et amoureuse avec le Romain, à l'aide du masque, du costume et de la voix déguisée, elle trompe si bien ses amants, que les Âtrois premiers tombent dans le panneau, et préfèrent soutenir la femme de leur pays, et le Comte est le seul qui se refuse aux tentatives de l'inconnue pour ne pas manquer de fidélité à sa maîtresse.

La veuve donne un bal chez elle, elle fait prier les quatre étrangers qui ne manquent pas de s'y rendre; elle déclare à haute voix l'essai qu'elle venoit de faire de leur sincérité, et donne la main au Comte qui est au comble de sa joie.

Milord trouve qu'elle a bien fait, et le Chevalier demande la place de Cicisbée ; il n'y a que l'Espagnol qui est piqué de la ruse, il condamne les Italiennes et s'en va ; le bal commence et la Pièce finit.

J'avois donné des Pièces très heureuses ; aucune ne l'avoit été au point de celle-ci. Elle eut trente représentations de suite, elle a été jouée partout avec le même bonheur".

Carlo Goldoni - "Mémoires" Deuxième Partie

Contrairement à Rosaure, Lucrèce, la veuve des Femmes Jalouses renonce à l'amour pour mieux jouir de sa liberté grâce à l'argent qu'elle entend gagner honorablement (Acte III dernière scène). Dans cette comédie "vénitienne venitiénissime" (Avis au lecteur), Goldoni nous montre la Venise en crise des petits commerçants et nous offre un précieux document sur la période carnavalesque. On y évoque les inconvénients d'une promenade sur le liston, le passage qui traverse la place Saint Marc :

Acte I scène 4

Giulia.- *Qu'est-ce que vous voulez qu'on aille faire sur la place? Il y a tellement de racaille qu'on ne peut pas bouger. Les Arlequins, les Polichinelles, les hommes déguisés en grosses dondons, toute la racaille leur court derrière, et quand on a sur le dos ses bons habits, on est sûr d'en sortir crotté. Non, non, mes petites ; les habits, c'est de l'argent. Nous irons chez Siora Tonina, nous regarderons passer les masques. Elle nous offrira au moins du vin doux, et puis, qui sait? N'ayez crainte. Chez elle aussi, il vient des petits jeunots, ils seront à la hauteur. Nous aussi, nous raflerons quelque chose à nous mettre sous la dent.*

Carlo Goldoni. "Les Femmes Jalouses"
 Trad. G. Herry.

Pietro LONGHI - Huile sur toile 0,62m. x 0,51m. "le charlatan" MUSÉE CA'REZZONICO - Venise

Gian Domenico Tiepolo - "Le Charlatan" MUSÉE CA'REZZONICO - Venise

Acte I scène 9

On y retrouve, comme dans d'autres comédies, l'impérieuse nécessité de se déguiser.

Baseggio.- *Aujourd'hui, je voudrais me déguiser et je ne voudrais pas qu'on me reconnaisse. On m'a dit que chez vous, habite une revendeuse qui loue des habits, et moi, par votre intermédiaire, je voudrais trouver quelque chose de bien pour me travestir.*

Lugrezia.- *Oh sapristi! Quel dommage que Donna Sgualda ne soit pas à la maison. Si vous revenez ce soir...*

Baseggio.- *Eh non, j'en ai besoin pour aujourd'hui.*

Lugrezia.- *Qu'est-ce qu'il vous faudrait?*

Baseggio.- *N'importe quoi. Un justaucorps, un paletot, une houppelande, tout me conviendrait.*

Carlo Goldoni "Les Femmes Jalouses"

Quand on ne peut s'offrir un déguisement, on le loue ; quand on ne peut le louer, on "l'emprunte" :

Acte II scène 6

Zanetta. *On va se promener, masquées? J'ai obtenu ma journée et on va faire une de ces fêtes!*

Meneghina. *Moi, je viendrais bien...*

Zanetta. *Allez, viens... Si tu veux, je t'attends.*

Meneghina. *Mais je dois venir comment?*

Zanetta. *Mets-toi un petit foulard. Ou plutôt non, moi, je vais te déguiser. Si tu veux, je vais te passer une robe de ma patronne. Elle va te plaire.*

Meneghina. *Mais je n'ai pas de loup.*

Zanetta. *Achète-toi un masque.*

Meneghina. *Mais comment, si je n'ai même pas un centime. J'avais trente sous de côté, et puis, l'autre jour, ma patronne me les a demandés.*

Zanetta. *Et tu restes chez elle?*

Meneghena. *J'en ai assez, je veux partir.*

Carlo Goldoni "Les Cuisinières". Traduit par Myriam Tanant.

Dame Lucrèce, dans une scène fort réjouissante qui se déroule au Ridotto enseigne les bonnes manières au balourd Arlequin.

Acte II scène 23

Lugrezia.- *Avant qu'il n'y ait trop de monde, asseyons-nous dans cette salle.* Elle s'assoit à une autre table.

Arlequin.- *Comme vous voudrez, siora Lugrezia.*

Lugrezia.- *Taisez-vous, maudit bavard que vous êtes! Ne m'appelez pas par mon nom.*

Arlequin.- *Mais comment dois-je dire?*

Lugrezia.- *Beau masque, on dit.*

Arlequin.- *Excusez-moi, j'apprendrai. Il s'assoit.*

Orsetta, à Fabia.- *Vous avez entendu? C'est Siora Lugrezia, cette femme masquée.*

Siora Fabia se met à rire sans rien dire.

Arlequin.- *Vous avez besoin de quelque chose, beau masque siora Lugrezia?*

Lugrezia.- *Allez vous faire découper en quartiers, sior âne bâté.*

Siora Orsetta et Siora Fabia rient.

Arlequin.- *Mais pourquoi?*

Lugrezia.- *Je vous ai déjà dit de ne pas dire mon nom, qu'on dit: masque et rien après.*

Arlequin.- *Mais si je dis masque, tout le monde est masqué ; il faut pourtant bien distinguer masque Arlequin de masque*

Lugrezia.- *Le diable vous emporte.* Elle lui donne une bourrade qui le fait tomber.

Arlequin.- *Au secours.*

Un masque qui joue appelle : *Des cartes*

Carlo Goldoni "Les Femmes Jalouses".

Gian Domenico ***TIEPOLO*** *- "Divertissements" MUSÉE CORRER - Venise*

Le divertissement des pauvres est évoqué dans Les Cuisinières, pièce qui, selon l'auteur, est "la plus vénitienne de toutes celles que j'ai citées et elle est si représentative de cette nation pour ce qui est des coutumes et du sel de ses expressions que, difficilement, elle peut être comprise ailleurs" (Avis au lecteur).

Le sujet de cette Pièce est pris dans le plus bas ordre de la société civile; mais la nature offre dans tous les états des citoyens intéressant, et des défauts à corriger.

La Pièce dont il s'agit est plus amusante qu'instructive. Les Cuisinières de Venise doivent avoir par privilège incontestable un jour libre dans le carnaval, pour l'employer uniquement à se divertir; et les femmes de cet état renonceraient aux meilleures conditions, plutôt que de perdre le droit de cette journée.

Tout ce qu'il y a de plus intéressant, ce sont les critiques et les médisances des Cuisinières sur le compte des mauvais ménages. La morale qui ne gagnerait rien sur les servantes, devient très utile pour la correction des maîtresses. (Mémoires Deuxième partie)

Si cette journée révèle comment les personnages "s'utilisent" les uns les autres pour assouvir leurs passions, elle met particulièrement en lumière l'importance du Carnaval dont chacun, entend profiter au maximum.

Acte I scène 9

Anzoletto, puis la mère Rosega.

Anzoletto.- *Bon sang, j'ai envie de m'amuser. J'ai envie de m'en donner! Ah, si je pouvais entraîner la vieille déguisée! Et Gnese? Elle pourrait bien venir avec nous, pourquoi pas? Si je suis bon pour trois, je suis bon pour dix!*

Double page précédante ***Francesco Guardi*** *- Huile sur toile "Le ridotto " MUSÉE CA'REZZONICO - Venise*

Rosega.- *Vite, prenez ce seau.*

Anzoletto.- *Qu'est-ce qui se passe, pourquoi vous êtes fâchée?*

Rosega.- *Je vous ai vu roucouler.*

Anzoletto.- *Oh, je vais tout vous raconter.*

Rosega.- *Allez vous faire pendre!*

Anzoletto.- *Ecoutez, vous êtes concernée par ce que j'ai dit!*

Rosega.- *Qu'est-ce que vous avez dit?*

Anzoletto.- *Attendez, venez ici. On a parlé de faire une mascarade. Zanetta avec un autre et vous avec moi. Vous voulez venir avec moi?*

Rosega.- *Moi, je veux bien.*

Anzoletto.- *Ils vont vous donner la permission?*

Rosega.- *Je vais leur demander. Et s'ils me disent non, sacré bon sang, je plante mes patrons, je prends mes affaires et je m'en vais.*

Anzoletto.- *Je viendrai vous chercher.*

Rosega.- *Pas de blague, hein? Je vous attends. J'ai déjà fait le pain, je vais vite balayer et faire le lit.*

Anzoletto.- *Vous vous déguiserez?*

Rosega.- *Bien sûr, que je vais me déguiser. Pendant que mes patrons dorment, je vais aller ouvrir leur armoire. J'y prendrai un jupon et un bel habit. Et puis j'irai les mettre en cachette chez ma nièce. Moi, j'ai bien des costumes de Carnaval, mais ils sont moches. Et puis les affaires, ça doit servir à tout le monde!*

Anzoletto.- *Allez, faites vite. Je vais me déguiser et je vous attends.*

Rosega.- *On va bien s'amuser! Oh, le cher Anzoletto!*

Carlo Goldoni "Les Cuisinières"
Traduit par Myriam Tanant.

▲ ***Gian Domenico TIEPOLO*** - *"La balançoire" MUSÉE CORRER - Venise*

Rosega, sous son masque, séduit deux vieillards qui insistent pour voir son visage... et se sauvent, peu galants, lorsqu'ils la découvrent.

Acte III scène 2

Biasio (à part).- *Quel beau petit masque!*

Zulian (à part).- *Qui c'est celle-là?*

Biasio (à part).- *Ca m'a l'air d'être un drôle d'oiseau!*

Zulian (à part).- *Si au moins Biasio partait!*

Rosega (à part).- *Je ne vois pas Anzoletto. Je vais l'attendre encore un peu.*

Biasio (à part).- *Et monsieur Zulian qui ne bouge pas!*

Zulian (à part).- *Mais qu'est-ce qu'il fait, ce crétin?*

Rosega ((à part).- *Ces deux vieux me regardent. Les pauvres, ils ne peuvent plus rien faire! La jeunesse, il n'y a vraiment rien de mieux!*

Biasio.- *Monsieur Zulian, comment se fait-il que vous ne partiez pas? Vous regardez cette femme masquée? Elle vous a peut-être ensorcelé?*

Zulian.- *Je n'ai pas de comptes à vous rendre! Je suis libre de partir ou de rester! Vous, occupez-vous de vos affaires! Débarrassez-moi le plancher!*

Biasio.- *Ah bravo compère! Et vous ne voulez pas que je parle? Mais je vais aller en courant tout raconter à votre amie!*

Zulian.- *Moi, je m'en vais. Vous, mon petit monsieur, restez donc! Mais je vous jure qu'elle va le savoir!*

Biasio.- *Qui?*

Zulian.- *Gnese!*

Biasio.- *Ne faites pas le fou, parce que, moi, je pars.* (A part.) *J'ai pourtant bien envie de la connaître!*

Il sort.

Zulian (à part).- *Mais qui ça peut bien être?*

Il sort.

Rosega.- *Bien le bonjour! Enfin, ils sont partis. Ils me regardaient d'une façon, ces vieux possédés du démon! Oh, le cher Anzoletto! Je ne le vois pas venir. J'ai envie de m'amuser, si au moins je rencontrais quelqu'un!*

Biasio (à part).- *Monsieur Zulian n'est plus là.*

Rosega (à part).- *Voilà ce vieux qui revient!*

Biasio.- *Bonjour, joli masque! Alors, on est seule? Vous ne répondez-pas? Dites-moi, pourquoi vous êtes seule? Vous voulez que je vous offre un café? Non, vous ne voulez pas? Patience. Ecoutez, j'ai quelques années, mais je suis un galant homme, et je ne suis pas malade. Si vous acceptiez, je vous servirais en toute honnêteté, venez avec moi. Je ne veux rien de vous, il me suffit que nous restions un petit peu ensemble, en tout bien tout honneur. Alors vous voulez bien me faire ce plaisir?* (Il aperçoit Zulian.) *Oh, qu'il soit maudit!*

Zulian (à part).- *Oh quel malin!*

Biasio (à part).- *Je ne veux pas qu'il me ridiculise. Joli masque, on se verra une autre fois. Maintenant, je n'ai pas le temps, je ne peux pas m'arrêter. J'ai une affaire qui m'attend. Je vous connais joli masque!*

Il se met à l'écart.

Rosega (à part).- *Il est fou, celui-là!*

Zulian (à part).- *Donc, il la connaît! Sous son masque, j'ai bien l'impression que c'est un sacré morceau!*

Rosega (à part).- *Voilà l'autre, maintenant!*

Zulian.- *Alors, seule, seulette? Voulez-vous que je vous serve?*

Rosega.- *Ils me veulent tous!*

Zulian.- *Ce n'est pas pour dire, mais j'ai moins d'années et plus d'argent que Biasio Cavezzi. Si vous en avez envie, je vous offrirai du café et du chocolat. Vous voulez bien venir avec moi?*

Rosega.- *Je vous suis bien obligée.*

Zulian (à part).- *On dirait qu'elle n'est pas d'ici. Je vous en prie, ma chère.*

Rosega.- *Non, vraiment, je vous remercie.*

Zulian (à part).- *J'ai l'impression qu'elle est très belle! Vous ne voulez pas? Je vous en prie humblement. Vous êtes une amie de monsieur Biasio?*

Rosega.- *Je ne sais même pas qui c'est!*

Zulian.- Tout à l'heure, il a fait comme s'il vous connaissait.

Rosega.- Mais il ne me connaît pas.

Zulian.- Oh, le vieux bandit! Et moi, vous me connaissez?

Rosega.- Oui et non!

Zulian.- Vous voulez venir avec moi?

Rosega.- Je vous en prie, laissez-moi!

Zulian.- Ecoutez, pardonnez mon audace, mais si vous avez envie d'aller vous amuser, ma toute belle, regardez cet argent! (Il lui montre son argent.) *Eh bien, jusqu'à ce qu'il n'y en ait plus, on fera tout ce que vous voudrez. Tout est pour vous.*

Rosega.- Celui-là, il a l'air plus franc! Oh le cher petit vieux! Si Anzoletto n'arrive pas, j'ai bien envie de partir avec lui.

Zulian.- Allez ma petite, même si j'ai un certain âge, je sais y faire. (Il voit Biasio.) Ah s'il pouvait crever!

Biasio (à part).- *Ce vieillard est un vrai pot de colle!*

Zulian (à part).- *Qu'est-ce que je fais, Je pars? Je reste? J'hésite.*

BIasio (à part).- *Je ne veux pas la lui laisser.*

Rosega (à part).- *Les voilà, tous les deux.*

Biasio.- Monsieur Zulian, heureux de vous voir.

Zulian.- Tout le plaisir est pour moi, cher monsieur.

Biasio.- Vous vous amusez, n'est-ce pas, avec cette jolie femme masquée.

Zulian.- Oui monsieur, ça vous embête?

Biasio.- Vous savez qui c'est?

Zulian.- Quelle question!

Biasio.- Donc vous la connaissez!

Zulian.- Bien sur que je la connais!

Biasio.- Alors, c'est qui?

Zulian.- Je la connais, ça doit vous suffire!

Biasio.- Vous ne savez pas qui c'est! Moi, je la connais bien, pas vrai, joli masque?

La mère Rosega fait un signe négatif.

Zulian.- Vous voyez, Elle dit non.

Biasio (à part).- *Mais quelle grâce, quel charme!*

Zulian (à part).- *Mais quel trésor!*

Biasio.- Dites-moi la vérité, votre prénom, c'est Anzoletta?

Zulian.- Non, pas vrai? Ma fille, vous vous appelez bien Pasquetta? Non plus?

Biasio.- Marietta ou Nicolina?

Zulian.- Bigre! Lucietta?... Attendez, Tonina?

Rosega.- Personne ne me connaît.

Biasio.- Montrez-moi votre visage.

Rosega.- A tous les deux, ou à personne.

Zulian (à Biasio).- *Vous êtes content?*

Biasio.- Oui, soyons bons amis, comme ça, il n'y aura pas de jaloux. Tâchons d'être d'accord, puisque c'est Carnaval!

Zulian.- Chère petite découvrez-vous!

Biasio.- Enlevez votre masque!

Rosega.- Très bien, je vais vous faire plaisir!

Zulian.- Oh, comme elle est vieille!

Biasio.- Oh, comme elle est laide!

Rosega.- Eh bien, comme vous êtes galants, je vous crois tous les deux!

Biasio.- Servez-vous, monsieur Zulian!

Zulian.- Monsieur Biasio, je vous la cède.

Rosega.- Venez ici, j'en veux un de chaque côté. Partons ensemble. Il n'y aura pas de jaloux car je ne ferai pas de différence entre vous.

Biasio.- Je reviens tout de suite, j'ai encore quelques petites choses à faire.

Zulian.- Moi, je ne veux pas me retrouver tout seul au milieu des femmes.

Rosega.- Alors qu'est-ce qu'on fait? Je vous attends. Je veux bien de vous.

Biasio.- Je suis votre serviteur, joli masque!

Il sort.

Zulian.- Joli masque, je vous salue!

Il sort.

Carlo Goldoni. "Les Cuisinières" © Editions Actes Sud. 1992 pour la trad. française. Traduction Myriam Tanant.

Gian Domenico TIEPOLO - "Le Bonimenteur" 1777 - Eau Forte, MUSÉE CORRER - Venise

Le masque qui autorise tous les rêves, toutes les audaces, est à Venise symbole de liberté et de "modernité". Les "Rustres", ce sont quatre bourgeois de la ville de Venise, du même état, de la même fortune, et tous les quatre du même caractère, hommes difficiles, farouches, qui suivent les usages de l'ancien temps, et détestent les modes, les plaisirs, et les sociétés du siècle." (Mémoires Deuxième partie).

Leur refus de sociabilité se manifeste dans le refus du divertissement, du théâtre et du carnaval que toute mère "fine mouche" autorise à ses filles.

Acte I scène 1

Margarita.- C'est un ours, ma fille ; il ne prend jamais de distractions et, du coup, pas question pour nous d'en prendre. Et pourtant, savez-vous, avant mon mariage, ce ne sont pas les divertissements qui m'ont manqués. J'ai été bien élevée. Ma mère était une femme ombrageuse et quand quelque chose ne lui plaisait pas, elle savait donner de la voix et flanquer des taloches. Mais, le moment venu, elle ne nous privait pas de divertissements. A l'automne, figurez-vous, on allait deux ou trois fois au théâtre, au carnaval cinq ou six fois. Si on lui remettait la clef d'une loge, elle nous emmenait à l'opéra, voire à la comédie, mais elle savait aussi acheter sa bonne petite clef et dépenser son propre argent. Elle avait soin d'aller où elle savait qu'on donnait de bonnes comédies, où l'on pouvait emmener les jeunes filles ; elle venait avec nous et l'on s'amusait. Parfois, figurez-vous, nous allions au Ridotto ; nous avions droit à une petite promenade sur le Liston ou sur la Piazzetta avec ses diseuses et ses théâtres de marionnettes et, deux fois par an, aux baraques foraines. Quand nous restions à la maison nous faisions salon. C'était des parents qui venaient, des amis aussi, et même quelques jeunes gens, mais, figurez-vous, en tout bien tout honneur.

Carlo Goldoni "Les Rustres" © Editions Flammarion
Traduction Norbert Jonard.

Pietro LONGHI - Huile sur toile 0,61m. x 0,51m.
"La Vendeuse d'essences".
MUSÉE CA'REZZONICO - Venise

Goldoni en ridiculisant ces personnages hostiles à la culture, au divertissement, au théâtre, au carnaval et surtout au masque crée une nouveauté dans ses comédies. Quatre ans plus tard, il donnera, avant son départ pour Paris, sa dernière pièce à Venise : La Soirée des Jours Gras.

"La Pièce eut beaucoup de succès; elle fit la clôture de l'année comique 1761, et la Soirée du Mardi gras fut la plus brillante pour moi, car la salle retentissoit d'applaudissements, parmi lesquels on entendoit distinctement crier : Bon voyage, Revenez, N'y manquez pas. J'avoue que j'en étois touché jusqu'aux larmes".
Carlo Goldoni "Mémoires" 2ème partie. Ⓒ Editions Aubier. Paris

Nous sommes loin de la mésaventure du Vieux Boute-en-train où, protégé par son masque, Goldoni va au Ridotto.

Je quittai le théâtre pour me réconforter et allai, pour mon malheur, terminer la soirée au Ridotto. C'est là qu'ont coutume de se retrouver les Masques, une fois le spectacle terminé, c'est là qu'on entend les éloges ou les critiques de la représentation, surtout les soirs de première, c'est là que sont émis les jugements, en général passionnés, et les sentences cruelles et inhumaines. Ce fut pour moi un joli divertissement que de m'entendre massacrer de la façon la plus bruyante et la plus violente qu'on puisse imaginer; et le masque qui me cachait me laissait tout loisir de pénétrer dans les cercles sans être reconnu et de savourer les injures dont on m'accablait. Ils ne se contentaient pas de commenter la comédie, d'en relever judicieusement les défauts, de critiquer, dans une bien moindre mesure, les comédiens, non, c'est contre moi qu'ils s'excitaient, moi qui devenais l'unique cible de leurs satires et de leurs invectives. Quelques amis à moi ne manquèrent pas de prendre ma défense, mais gare à eux s'ils insistaient, on les aurait lynchés.
Carlo Goldoni "Le Vieux Boute-en-train". Ⓒ l'Arche Editeur, Paris 1994. Traduction de Marie-France Sidet.

Ainsi le masque, s'il permet toutes les audaces, ne va pas sans risques pour les nobles ou les artistes confrontés à l'opinion du peuple. A l'image du carnaval, il exprime le goût des plaisirs, de la fête et porte en lui les germes de la décadence.

La Bonne Epouse qui concluait le carnaval de 1750 laissait déjà entrevoir un autre visage de la Sérénissime, celui de la violence, du déclassement, de la pauvreté.

Acte I scène 8

Brighella.- ... *Quand vient la période des masques, c'est le paradis pour les endettés. Ils vont partout en toute liberté, et quand ils passent devant les boutiques où ils doivent quelque chose, ils s'arrêtent; ils regardent bien leurs créanciers sous le nez et décident d'après l'impression qu'ils en tirent lequel d'entre eux pourrait leur faire le plus peur.*
Carlo Goldoni "La Bonne Epouse" Ⓒ l'Arche Editeur, Paris 1992. Traduction de Ginette Herry.

Goldoni, comme Casanova, a perçu avec finesse la décadence sous le luxe, la gangrène sous la beauté et la ruine de Venise. Le carnaval, explosion de joie collective semble vouloir exorciser le déclin de la Sérénissime. Le masque retrouve alors sa fonction originelle, celle qu'il avait quand le sorcier s'en revêtait pour éloigner le mauvais sort...mais sans succès.

LE DECLIN DU CARNAVAL

Venise passe sous la première domination autrichienne (1799-1806) et le port du masque n'est autorisé que pour les fêtes privées. Son rattachement au royaume d'Italie dont Napoléon Ier est le souverain permet davantage de divertissements mais le coeur n'y est plus. Napoléon n'a-t-il pas proclamé: "Je serai un Attila pour Venise?"

Le deuxième gouvernement autrichien (1815-1866) autorise les masques pendant le carnaval au charme duquel succombe Musset.

Gian Domenico TIEPOLO - *"Le petit théâtre de Polichinelles"*
Gravure, MUSÉE CORRER - Venise

VENISE

Pour le bal qu'on prépare,
Plus d'une qui se pare,
Met devant son miroir
Le masque noir

Sur sa couche embaumée,
La vanina pâmée
Presse encor son amant,
En s'endormant;

Et Narcissa,la folle,
Au fond de sa gondole,
S'oublie en un festin
Jusqu'au matin.

Et qui, dans l'Italie,
N'a son grain de folie?
Qui ne garde aux amours
Ses plus beaux jours?

Laissons la vieille horloge,
Au palais du vieux doge,
Lui compter de ses nuits
Les longs ennuis.

Comptons plutôt, ma belle,
Sur ta bouche rebelle
Tant de baisers donnés...
Ou pardonnés.

Comptons plutôt tes charmes,
Comptons les douces larmes,
Qu'à nos yeux a coûté
La volupté!

Alfred de Musset - Premières poésies

Si Musset est sensible aux belles qui se préparent pour le bal, Théophile Gautier, lui, succombe au charme des personnages de comédie qui envahissent les rues.

CARNAVAL

Venise pour le bal s'habille.
De paillettes tout étoilé,
Scintille, fourmille et babille
Le carnaval bariolé.
Arlequin, nègre par son masque,
Serpent par ses mille couleurs,
Rosse d'une note fantasque
Cassandre, son souffre-douleur.

Battant de l'aile avec sa manche
Comme un pingouin sur un écueil,
Le blanc Pierrot, par une blanche
Passe la tête et cligne de l'oeil.

Le docteur bolonais rabâche
Avec la basse aux sons traînés;
Polichinelle qui se fâche,
Se trouve une croche pour nez.

Heurtant Trivelin qui se mouche
Avec un trille extravagant,
A Colombine Scaramouche
Rend son éventail ou son gant.

Sur une cadence se glisse
Un domino ne laissant voir
Qu'un malin regard en coulisse
Aux paupières de satin noir.

Ah! fine barbe de dentelle,
Que fait voler un souffle pur,
Cet arpège m'a dit : c'est elle!
Malgré tes réseaux, j'en suis sûr,

Et j'ai reconnu, rose fraîche,
Sous l'affreux profil de carton,
Sa lèvre au fin duvet de pêche,
Et la mouche de son menton.

Théophile Gautier. Variations sur le carnaval de Venise - Emaux et Camées.

Gian Domenico TIEPOLO - *"Le chevalier servant"*
Gravure, MUSÉE CORRER - Venise

Le carnaval n'est plus la mise en scène de grands thèmes, la transgression collective des interdits. C'est plutôt une parade où chacun cherche à exprimer son individualité. Parallèlement à cette évolution, Venise devient chère aux romantiques. Elle attire toujours les artistes: Georges Sand, Musset, Byron y vivent de beaux épisodes amoureux; Wagner y compose la partie la plus émouvante de Tristan et Iseult ; Rossini, Bellini, Verdi y font découvrir leurs oeuvres... mais les Vénitiens ne supportent ni la censure autrichienne ni le zèle de la police.

Ils s'insurgent en 1848 et Daniele Manin proclame la République, brève libération du joug autrichien définitivement secoué en 1866. Venise est alors rattachée au royaume d'Italie. Le carnaval disparaît.

La Sérénissime n'est plus mais elle fait elle fait toujours rêver...

Alors que les grandes villes européennes s'industrialisent, sa splendeur décadente que l'on découvre au rythme des gondoles fascine.

Grâce au développement des agences de voyages, les classes moyennes peuvent s'offrir le luxe du voyage. Venise au clair de lune devient le "leitmotiv" des guides touristiques et un thème cher aux photographes. La pénombre ne cache plus les masques mais la décrépitude des palais ; le labyrinthe des ruelles n'est plus le lieu des jeux de l'amour mais celui de la nostalgie de l'amour, de la recherche de l'être aimé.

Aschenbach, le héros de MORT A VENISE s'y égare.

"Sur les pas du bel adolescent, Aschenbach, un après-midi, s'était enfoncé dans les dédales du centre de la cité empestée. Ne sachant plus s'orienter, étant donné que toutes les ruelles, les canaux, les passerelles et les places du labyrinthe se ressemblaient, n'étant même plus sûr de quel côté se trouvait l'hôtel, il ne pensait qu'à une chose : ne pas perdre de vue la silhouette ardemment suivie ; et, tenu à ses précautions dégradantes, rasant les murailles, se dissimulant derrière les passants, il fut longtemps avant de se rendre compte de la fatigue, de l'épuisement que sa passion et une incessante tension avaient infligés à son corps et à son esprit. Tadzio marchait derrière les siens; dans les passages resserrés il cédait habituellement le pas à sa gouvernante et aux petites nonnes, ses soeurs; flânant en arrière, de temps en temps, il retournait la tête pour s'assurer d'un coup d'oeil par-dessus l'épaule, d'un regard de ses étranges yeux couleur d'aube, que son amoureux le suivait. Il le voyait sans le trahir. Grisé par cette constatation, entraîné par ces yeux, tenu en lisière par sa passion, celui-ci se faufilait à la poursuite de son inconvenante espérance; il finit par se trouver volé. Les Polonais avaient franchi un pont en ogive, la hauteur de l'arche les cacha à leur suiveur, et quand il l'eut gravi à son tour il les avait perdus de vue. Il explora l'horizon dans trois directions, droit devant lui et de chaque côté, le long du quai étroit et sale ; en vain. L'énervement, une fatigue à tomber le forcèrent enfin à abandonner ses recherches".

Thomas Mann. "La Mort à Venise" Ed. Fayard.

Giacomo Franco - *(1610)*
"Charlatans place Saint Marc"
Gravure - MUSÉE CORRER - Venise

Double page suivante **Francesco Guardi** - *Huile sur toile*
"Le Parloir des soeurs de San Zaccaria"
MUSÉE CA'REZZONICO - Venise

La nostalgie, à Venise, oeuvre en sourdine. Tel un feu couvant sous la cendre et qui renaît là où on ne l'attend pas, le carnaval vénitien réapparaît, comble du chic et de l'élégance, à Paris, à Londres où, ainsi que le relate Paul Morand, la fête vénitienne émerveille l'aristocratie.

"Je retrouve une lettre écrite de Londres à ma mère à la veille de la guerre, le 11 juillet 1914 : "Nous eûmes hier soir une fête Longhi du plus bel effet, chez une Mrs C. Sur la terrasse, au sommet du toit, en pleine ville, on avait aménagé une pièce d'eau où évoluaient des gondoles. Ce lac était enguirlandé de merveilleuses lampes japonaises comme de grosses oranges; un pont en dos d'âne le traversait, orange lui aussi, et biscornu vrai Rialto de Yokohama rapporté par quelque Marco Polo. (...)

Tout le monde portait la bauta, par-dessus le long manteau longhi; masque et tricorne obligatoires. J'avais revêtu le caftan d'un Turc du quai des Esclavons. Le baron de Meyer (le meilleur photographe de notre époque) était en habit Louis XV, lamé d'or, perruque d'argent, et une bauta en point de Venise noir. C'était la première fois que je voyais à Londres un spectacle privé de goût audacieux, et pareil faste. Comme société, on était sur les confins du vrai monde."

Paul Morand." Venise" © Editions Gallimard

Au charme de Venise s'ajoute celui du Lido qui offre un lieu de villégiature de plus en plus prisé. Dans les années 3O on peut y rencontrer autant de stars de cinéma qu'à Hollywood.Le mythe de Venise est indestructible. Il a depuis longtemps, comme ses grands voyageurs traversé les mers et fait rêver tout un chacun.

"Dick, engagé dans l'armée américaine pendant la deuxième guerre mondiale quitte Milan pour Venise. Il s'embarqua sur le petit bateau qui allait de Mestre à Venise.

La mince pellicule de glace étendue sur la lagune se déchirait avec un bruit soyeux de chaque côté de la proue, au-dessus de laquelle Dick se penchait, les yeux si irrités par le vent froid qu'il en pleurait. Il regardait les longues files de pieux et les longs bâtiments rouges qui paraissaient jaillir de l'eau verte, surmontés par des dômes bulbeux et des tours carrées aux sommets pointus et qui se détachaient de plus en plus nettement sur le ciel couleur de zinc. Les ponts bossus, les escaliers aux marches vertes et luisantes, les palais, les quais de marbre étaient déserts. Seules des vedettes lance-torpilles, groupées à l'ancre dans le Grand Canal, semblaient vivre. En se promenant sur des quais de la grande cité morte, Dick oublia complètement le cacao. Les canaux gelés, et la lagune minuscule et vide luisaient, striés comme des peaux de serpents. A moins de vingt-cinq kilomètres au nord, les canons tonnaient sur la Piave. Au départ de Dick, la neige tombait".

John Dos Passos. "L'an premier du siècle".
Editions Gallimard. © Roslyn Targ Literary Agency.

On est bien loin du carnaval ;
on est bien près de retrouver sa magnificence.

"Carnaval de Venise place Saint-Marc"
MUSÉE CORRER - Venise

LES COSTUMES ET MASQUES VENITIENS

Le déguisement n'est pas seulement l'art de se cacher ; il est aussi celui de se montrer et d'exprimer sa créativité. L'imagination des Vénitiens puise à toutes les sources: les métiers (pâtissier, gondolier, ramoneur, astrologue, avocat, vendeur de mort aux rats...), les nationalités (turc, allemand, espagnol...), la religion et le paganisme (diable, satyre...), les maladies (syphilitique, goutteux).. Elle a su élever au plus haut niveau de raffinement l'art de déguisement.

Le costume par excellence est **la Bauta** que les nobles peuvent porter hors du carnaval. Cette capuche noire maintenue par le tricorne que l'on ne soulève pas est complétée par la larva ou volta, masque blanc (rarement noir) et le tabarro, grande cape cachant la richesse des vêtements et des bijoux. On se salue simplement d'un "Bonjour Monsieur Masque."

Riches, pauvres, hommes, femmes, jeunes, vieux, tous s'abritent derrière la Bauta.

Les jeunes femmes la portent pour mieux mettre leur beauté en valeur et capter l'attention de leurs admirateurs.

Casanova succombe au regard que lui lance, à travers sa Bauta de soie noire, une jolie Vénitienne.

"J'ai vu C.C. faite à ravir élégamment masquée... J'ai dit à C.C. que jusqu'à l'heure du liston nous nous ferions voguer, et que, la chaleur étant forte elle pouvait se démasquer. Ce qu'elle fit dans l'instant. Dans la loi que je m'étais faite de la respecter, voyant sur sa physionomie la noble assurance, et briller dans ses yeux la belle confiance et la joie de son âme, mon amour devint géant.

Ne sachant que lui dire, car naturellement je ne pouvais lui parler que d'amour, et le propos étant dangereux, je ne faisais que tenir mes yeux sur son visage, n'osant pas les laisser aller sur sa gorge naissante de crainte d'alarmer sa pudeur. Son corps, trop bas par devant, me laissait voir à travers la dentelle de sa bauta les boutons de ses seins. Je ne les avais vus qu'un instant et, effrayé, je n'osais pas y retourner".

Giovanni Giacomo Casanova "Histoire de ma vie". Volume 3 Chapitre XIII. - Collection Bouquins © Robert Laffont.

Les prêtres et les religieuses, tels M.M. maîtresse de Casanova, abritent sous ce déguisement leurs escapades amoureuses.

"Je baise la main qui me donne la clef, et la clef aussi avant de la mettre dans ma poche. Je lui demande si je la verrai habillée en séculière, ou en sainte comme je la voyais.

- Je sors habillée en religieuse, mais au casin je m'habille en séculière. C'est là que j'ai tout ce qu'il me faut pour me masquer aussi.

- J'espère que vous ne vous habillerez pas en séculière ce soir.

- Pourquoi s'il vous plaît?

- Je vous aime tant coiffée comme vous êtes.
- Ah ah! Je comprends. Vous figurant ma tête sans cheveux, je vous fais peur ; mais sachez que j'ai une perruque dont rien n'est mieux fait".

Au second rendez-vous M.M. arrive en costume vénitien.

A deux heures précises, j'ai vu arriver une gondole à deux rames, et un masque en sortir, qui, après avoir parlé au barcarol de proue, s'achemina vers la statue. Voyant un masque d'homme, je m'alarme, je l'esquive, et je suis fâché de ne pas avoir de pistolets. Le masque fait le tour, m'approche, me tend une main paisible qui ne me laisse plus douter. Je reconnais mon ange habillée en homme. Elle rit de ma surprise, elle s'attache à mon bras, et sans nous dire le moindre mot nous nous acheminons à la place St-Marc, nous la traversons, et nous allons au casin qui n'était éloigné que de cent pas du théâtre de St-Moyse.

Tout se trouve comme j'avais ordonné. Nous montons, je me démasque vite, mais M.M. se plaît à se promener lentement dans tous les recoins du délicieux endroit où elle se voyait accueillie, enchantée aussi que je contemplasse dans tous les profils, et souvent de face toutes les grâces de sa personne, et que j'admirasse dans ses atours quel devait être l'amant qui la possédait. Elle était surprise du prestige qui lui faisait voir partout, et en même temps, malgré qu'elle se tînt immobile, sa personne en cent différents points de vue. Ses portraits multipliés que les miroirs lui offraient à la clarté de toutes les bougies placées exprès lui présentaient un spectacle nouveau qui la rendait amoureuse d'elle-même. Assis sur un tabouret, j'examinais avec attention toute l'élégance de sa parure. Un habit de velours ras, couleur de rose, brodé sur les bords en paillettes d'or, une veste à l'avenant brodée au métier, dont on ne pouvait rien voir de plus riche, des culottes de satin noir, des dentelles de point à l'aiguille, des boucles de brillants, un solitaire de grand prix à son petit doigt, et à l'autre main une bague qui ne montrait qu'une surface de taffetas blanc couvert d'un cristal convexe. Sa bauta de blonde noire était tant à l'égard de la finesse que du dessin tout ce qu'on pouvait voir de plus beau. Pour que je pusse la regarder encore mieux elle vint se mettre debout devant moi. Je visite ses poches, et j'y trouve tabatière, bonbonnière, flacon, étui à cure-dents, lorgnette, et mouchoirs qui exhalaient des odeurs qui embaumaient l'air. Je considère avec attention la richesse, et le travail de ses deux montres, et ses beaux cachets en pendeloques attachés aux chaînons couverts de petits carats. Je visite ses poches de côté, et je trouve des pistolets à briquet plat à ressort, ouvrage anglais des plus finis.

Giovanni Giacomo Casanova "Histoire de ma vie". Volume 4 Chapitre III. - Collection Bouquins © Robert Laffont.

Giacomo Franco *"Défilé de masques Campo Santo Stefano"*
MUSÉE CORRER - Venise

Giovanni Giacomo Casanova. Portrait. ▲
MUSÉE CORRER. Venise.

La Moretta tenait sur le visage grâce à un bouton (situé à l'intérieur du masque) que les femmes serraient entre leurs dents. Condamnées au silence, elles n'en excitaient que davantage la curiosité. A Constantinople Casanova relate une charmante rencontre.

M. de Bonneval parla de la danse vénitienne appelée la Furlana, et Ismail s'en montrant curieux, je lui ai dit qu'il m'était impossible de la lui faire voir sans une danseuse de mon pays, et sans un violon qui en sût l'air. J'ai alors pris un violon, et je lui ai joué l'air, mais quand même on aurait trouvé la danseuse, je ne pouvais pas jouer l'air et danser. Ismail alors se leva, et alla parler à l'écart à un eunuque, qui partit et vint trois ou quatre minutes après lui parler à l'oreille. Ismail me dit que la danseuse était déjà trouvée, et je lui ai répondu que je trouverais aussi le joueur de violon s'il voulait envoyer un billet à l'hôtel de Venise. Cela fut fait bien vite. J'ai écrit le billet, il l'envoya, et un valet du Baile Dolà vint une demi-heure après avec son violon. Un moment après une porte qui était au coin de la salle s'ouvrit, et voilà une belle femme qui en sort avec son visage couvert par un masque de velours noir de figure ovale qu'à Venise on appelle Moretta. L'apparition de ce masque surprit, et enchanta toute l'assemblée, car il e˝st impossible de se figurer un objet plus intéressant, tant pour la beauté de sa forme que pour l'élégance de ses atours. La déesse se met en figure, je l'accompagne, et nous dansons six Furlanes de suite. Me voilà hors d'haleine, car il n'y a point de danse nationale plus violente ; mais la belle se tenant debout et immobile, et ne donnant le moindre indice de lassitude, paraissait me défier. A la ronde du ballet, qui est ce qui fatigue le plus, elle paraissait planer : l'étonnement me tenait hors de moi-même. Je ne me souvenais pas d'avoir vu danser si bien ce ballet dans Venise même. Après un court repos, un peu honteux de ma défaillance, je m'y suis approché de nouveau, et je lui ai dit : "Ancora sei, e poi basta, se non volete vedermi a morire." (1) Elle m'aurait répondu peut-être si elle l'eût pu, car avec un masque de cette espèce il est impossible de prononcer le moindre mot ; mais elle me dit beaucoup par un serrement de main que personne ne pouvait voir. Après les secondes six Furlanes, l'eunuque ouvrit la même porte, et elle disparut.

Giovanni Giacomo Casanova "Histoire de ma vie". Volume 2 Chapitre IV. - Collection Bouquins Robert Laffont.

(1) "Encore six, et puis cela suffit, si vous ne voulez pas me voir mourir."

Gnaga (de gnau, le cri du chat). Il s'agit pour les hommes de s'habiller en femmes du peuple et d'imiter leur voix. Les hommes raffolent de cette ambiguïté sexuelle. Le castra n'est-il pas LA diva du XVIIIe siècle?

Le déguisement "vesta et zenda" est celui des femmes pauvres. Le fichu qui leur couvre la tête et les épaules et que l'on attache à la taille met en valeur la silhouette. N'avoir pas même une veste et un zenda signifie une extrême indigence.

Le médecin de la peste est un costume conçu au XVIe siècle par Charles de Lorme pour protéger ses confrères de la contagion. Affublé d'un long bec rempli d'herbes médicinales, de lunettes protectrices, d'une longue tunique en toile cirée et d'une baguette servant à soulever le linge des pestiférés, le praticien ressemblait à un gros oiseau. L'usage de ce costume pendant le carnaval fait figure d'exorcisme.

Sieur Tonin Bonagrazia, né de la plume de Goldoni sous le nom de Bellagrazia est le fils idiot d'un marchand qui lui avait acheté un titre de noblesse. La pièce dans laquelle il apparaît en 1748 fut un échec mais le personnage survécu dans le carnaval.

L'homme sauvage est également très répandu avec sa fourrure, ses branchages dans les cheveux.

Bernardon, le vieux mendiant qui exhibe ses plaies et ses croûtes provoquées par ses débauches juvéniles impressionne fortement. Il sera interdit sous la domination autrichienne, trop scandaleux!

▲ ***Francesco GUARDI*** - *"Fête place Saint-Marc" MUSÉE CORRER - Venise*

A ces masques s'ajoutent ceux de la Commedia dell Arte qui dès le XVIe siècle enrichit le carnaval.

Pantalon est le plus célèbre. Ce vieux marchand dur en affaire, autoritaire en famille s'adoucit pour devenir le "Bourru bienfaisant" de Goldoni. En 1635 un élégant parisien s'inspire de ses chausses en les coupant au-dessus du genou pour laisser voir les bas brodés ; il appelle ce vêtement pantalon!

Arlequin est le plus populaire. Faquin, escroc, acrobate, affamé, la France le revendique, l'Italie aussi.

Le Docteur : médecin, avocat ou notaire mais toujours obèse, il est issu de la tradition estudiantine de Bologne.

Colombine : cette piquante servante n'est pas un modèle de vertu mais elle est si délicieuse que tous lui pardonnent sa "légèreté".

Polichinelle : bien que Napolitain, ce stupide au long nez et à la voix de fausset est très apprécié des Vénitiens.

Brighella représente le valÎet intrigant et fourbe. C'est aussi un musicien accompli qui chante en s'accompagnant de la guitare.

Le Capitaine est un véritable foudre de guerre... en paroles seulement. Ses noms sont évocateurs: "Matamoros" (Tueur de mores), "Fracasso" (Fracas), "Spaventa" (Epouvante)...

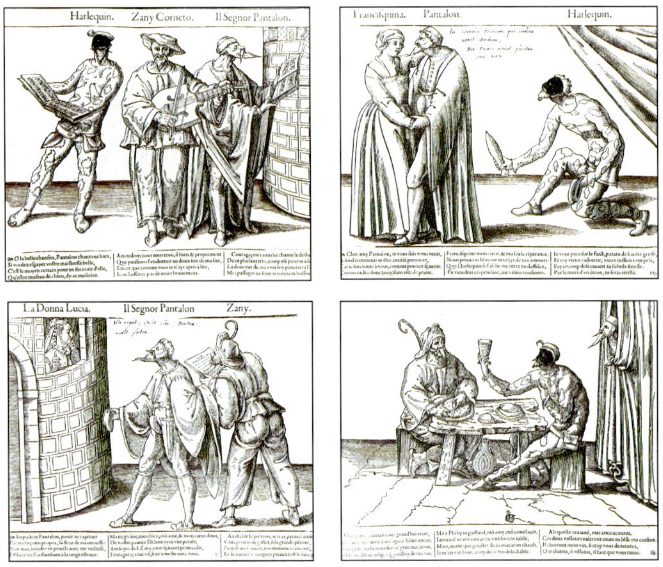

"Personnages de la Comedia dell'Arte"
Recueil des comédies Italiennes - Musée CORRER -Venise.

Les Vénitiens empruntent aux Français le "masque-portrait". Ce masque représentait les traits d'une personne précise. On y superposait un deuxième masque, commun. Profitant de la pénombre, l'homme qui enlevait ce deuxième masque laissait entrevoir les traits du mari ou de l'amant auquel alors la femme succombait en le reconnaissant (ou en feignant de le reconnaître). Ces masques déclenchèrent de tels scandales qu'on les interdit.

F. BARTOLLOSI *"Arlequin en mauvaise position tentant de peindre la belle demoiselle"*
MUSÉE CORRER - Venise

LA RENAISSANCE DU CARNAVAL

Le Carnaval ressurgit en 1978 : des étudiants et des commerçants ravivent son étincelle. Venise, plus que toute autre ville au monde, est digne de lui servir de cadre. Le feu reprend.

En 1980 le carnaval redevient une institution. Pendant la quinzaine de jours précédant le mercredi des cendres, il attire une foule de plus en plus cosmopolite. On y admire les costumes tous plus extravagants les uns que les autres ; on y est tenté par une multitude de spectacles, de soirées....

Aux initiatives officielles de la Biennale d'Art et des théâtres s'ajoutent celles d'associations diverses : toutes concourent à notre plaisir.

Si les Vénitiens boudent quelque peu une fête sacrifiée, selon eux, sur l'autel de la rentabilité, le touriste, lui, y retrouve le plaisir enfantin de la parade, le tourbillon d'une foule gorgée de sensations, le charme de l'équivoque. S'il admire les costumes qui s'offrent à sa vue, il se prend, lui aussi, à se déguiser. Poétique, clinquant, mystérieux, exotique... le déguisement lui permet d'exprimer une facette de lui-même que nulle part ailleurs il n'oserait afficher..

Admirer, être admiré, telle est la rêverie à laquelle le carnaval nous convie, la rêverie des êtres humains réunis par le plaisir. La Venise d'aujourd'hui comble les passionnés d'art et de culture, les amants "magnifiques" et ceux pour qui le carnaval est à jamais la fête par excellence.

Gian Domenico TIEPOLO *- Huile sur toile*
"Polichinelles" MUSÉE CA'REZZONICO - Venise

Entités Astrales

Le soleil et la lune, le feu et l'eau

Phébus insolents aux broderies irisées rayonnent de toute leur splendeur. Brillances rouges et ors, éventails de lumières ou septres ardents, tels sont les attributs des adeptes de l'astre du jour, le soleil chaleureux, source de vie, éclairant le monde de sa toute puissante bienveillance.

Des créatures plus évanescentes, diaphanes, s'apparentent à la lune, pâles comme elle, auréolées de tulles mousseuses et fluides, bleues, roses et argentées... Pierrots tristes et visages de porcelaine semblent contempler la tombée du jour avec toute la mélancolie qui les accable...

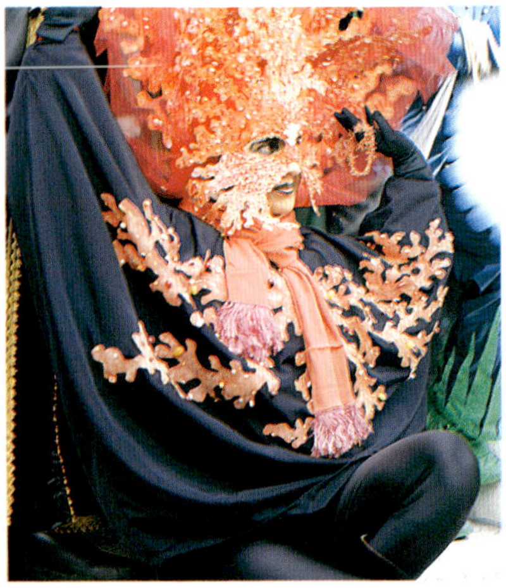

Comédiens et Princes

Le théâtre et le jeu, l'histoire et l'apparat

Les acteurs de la *Commedia dell'arte*, facétieux et bigarrés, animent le carnaval. En constant mouvement, seuls ou en bandes assorties, ils parodient, s'esclaffent et farandolent, vifs comme les couleurs de l'arc-en-ciel dont ils sont affublés. Arlequins, mages, dominos, bouffons ou tragédiens, chacun joue son rôle de l'aube au crépuscule.

Princes et princesses, eux, trônent devant les palais, altiers, drapés de pourpre, de vert velours, d'or pâle et de bleu céleste. Ces nobles personnages aux réminiscences moyennâgeuses, baroques ou orientales, exhibant broderies et torsades de perles, sont vraiment les rois et reines de la fête, et parcourent la cité comme si elle était leur.

NAPOLI

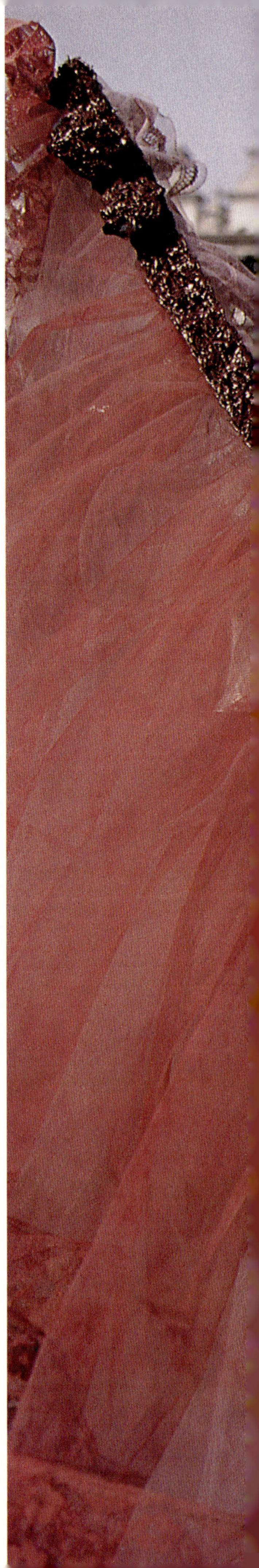

Pureté et Ténèbres

Le paradis et l'enfer, le blanc et le noir

Blancheur du givre, rose glacé, transparences, ces êtres raffinés symbolisent par leur lumineuse présence l'hiver présent et probablement l'espoir, par quelques fleurs délicates, du printemps à venir. Beautés froides, ces reines des neiges et marquis poudrés cherchent-ils l'absolution grâce à cette perfection immaculée ?

D'autres, au contraire, revendiquent leur âme diabolique et s'en délectent. Princes des ténèbres, méphistophélès, sombres créatures d'Hadès prêtes à tous les maléfices, ils s'harnachent de fer, de bronze, déploient de noires capes et de rouges toiles d'araignées, dressent leurs cornes ou leur long nez comme une provocation permanente.

VECCHIA
MURANO
GLASS BLOWING
FREE ENTRANCE
GALLERIA CESANA

PONTE DE LA
FENICE